蜕变
女孩们的青春期

一本童话般的图画册
写给所有对自己身体有新发现的小女孩

(德)妮可·绍伊夫勒 著

毛欣宜 译

辽宁科学技术出版社
·沈 阳·

  # 目录

花公主	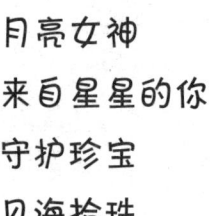	6
樱桃姑娘		10
兔宝宝		14
姐妹淘		18
月亮女神		22
来自星星的你		26
守护珍宝		30
贝海拾珠		34
红色知更鸟		38
铃兰花香		42
浪漫主义者		46
毛绒玩偶		50

秋天的魔法师 	54
旋风少女	58
玫瑰红	62
白雪公主	66
小仙女	70
亲爱的女儿 	74
探险家	78
超级女生	82
楚楚动人	86
首演明星	90
知心朋友 	94
睡美人	98

致：

所有的小女孩和你

_____

这本书会告诉你，

如何从一个小女孩蜕变成一位娉婷女子。

这个过程不仅仅是年龄的增长和身体的长高。不，不，这些远远不够。如果是这样的话，到头来你就只是一个平胸瘦臀的大女孩。

事实是，有一天你会成为一个真正的女人。成年女子看起来和小女孩不一样，不单单是外在的差异，更有内在的区别。也许你认识一个女人，她看起来和小女孩不同，你觉得她特别漂亮。

这是一种十分美妙的蜕变。有点儿像一条小毛毛虫，终有一天它会像被施了魔法一样，变成一只蝴蝶。

你也将亲身体验这样的蜕变。你应该满怀期许，因为你一定会蜕变成一位非常美好的娉婷女子。

你且听我将这一过程娓娓道来……

花公主

　　大概在你十岁或是十一岁的时候，
　奇妙的转变就悄悄降临了。

　　和大多数女孩一样，一开始你丝毫没有注意到这潜在的变化。但不经意间，你的身体内部正悄无声息地含苞待放。

　　想象一下，在青青草地上，有成千上万的嫩芽儿和花骨朵儿在成长、绽放，此刻，同样的生命力正在你的身体里成长、绽放，散发着迷人的香气。就像丛林中长满铃兰，郁郁葱葱，这种芬芳使你充盈无比。

　　花香如是，真是一场难以忘怀的美丽。

　　对于这种现象，科学家的解释是："青春期"开始了，你的身体里产生了"荷尔蒙（激素）"。

　　多么陌生的词语，很难用具体的意象去想象对吧？

　　或许你可以联想到夏天的草坪，芳香满溢，还有铃兰花丛娇艳欲滴。

　　在你的身体里，
　　这一切转变都是那样的不可思议。

而你,就是花公主。

一位真实可爱的小小花公主。

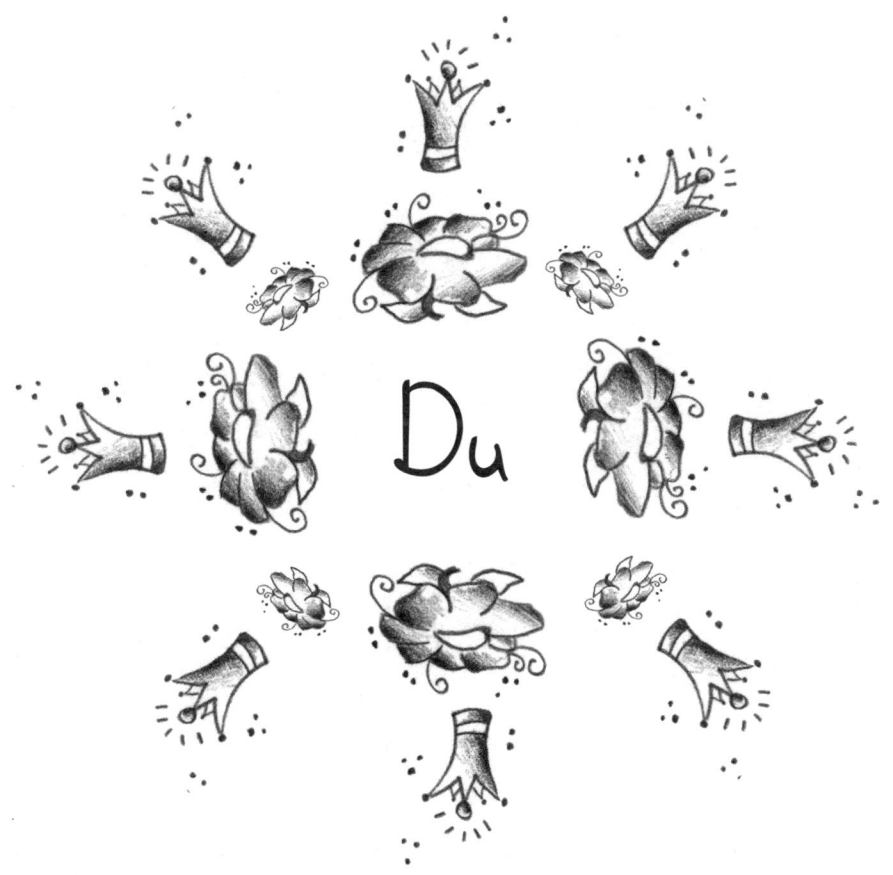

樱桃姑娘

你若盛开,必由内而外地绽放,最初的发育当然细微而纤巧。

比方说,身体气味的变化,特别是运动过后大汗淋漓,体味就更为明显了。

可惜这夹杂着汗水的味道并不像铃兰那般沁人心脾。

不过这无伤大雅。

首先,洗澡可以解决这个问题。其次,更为重要的一点是,一定会有人喜欢你身上的味道。不是有句成语叫"气味相投"吗?可以用来形容两个人相互吸引,彼此合拍。

所以,祝贺你被赋予了全新的味道!

你身上的独特气息会为你带来爱你的人。

还有另外一些外在改变：

有一天，你会发现自己的乳头开始略微地隆起。起初是那么的不起眼，不过随后，胸部看起来就不再平坦，倒更像是两颗小樱桃。

也许有时候你的胸部会发痒，或者碰上去有轻微的疼痛感。这是由于成长的缘故，实属正常。你大可静静地看着它成长，感受发育带来的欣喜。

**两颗小樱桃就像你一样独一无二，
并将拥有无与伦比的美丽。**

兔宝宝

不单单只有你的胸部开始发育。

不久以后你会发现,腋窝内的圆形区域里有小毛毛生长起来,还有双腿之间那个被称作"阴阜"的地方,那里的毛毛会长成三角形。

可能你对此不甚了解,其实那就和一小块柔软细腻的兔毛大同小异。

你的毛毛质感柔软。

你应该在已发育的女性身上见过它了,比如你的妈妈、姐姐或是年长一些的朋友。

大人们称之为"阴毛"。这种毛毛大多是自然弯曲的,粗细类似头发,并且更脆弱易断。每位女性身上的阴毛都略有不同,各有独特的"发型"。

实际上,许多女性都会在意它的造型。有的人通过剃短一部分来设计形状,也有的人干脆把毛毛都刮去了。这几年腋下脱毛和比基尼区脱毛已经非常普遍了。

你可以想想，你喜欢什么样子的。

或许你也可以和你的女性朋友们交流一下彼此的看法。

无论如何，大可放心，这种新出现的毛毛标志着你的身体正在走向成熟。

姐妹淘

你的闺蜜们正经历着和你一样的成长，她们的身体也在蜕变。她们同样会遇见一些匪夷所思的改变，甚至有时候也会被吓一跳。

幸运的是，你们是好姐妹。再也没有比和她们就成长的话题相互诉说倾听、窃窃私语更好的事儿了。

你们在一起会咯咯地笑，也会默默地想。

一如孩童时可爱的模样。

但是，蜕变也因人而异。

可能某个女孩的胸部像草莓一般娇小，而另一个女孩的胸部已经如同成熟的苹果。一个女孩的胳肢窝长出了毛毛，而另一个女孩可能一年后才会长出腋毛。

一个女孩看起来仍旧瘦削纤巧，而另一个女孩已经发育得圆润丰盈。

**每个人都有她自己的发育进度，
这是自然而然的。**

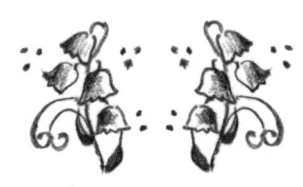

可贵的是,你们可以相互支持,并且共享成长的喜悦。

如果有人取笑你们或是想让你们惴惴不安,你们可千万别让他得逞。那人就是个傻瓜。

在朝气蓬勃的女孩身体里,一场冒险即将来临。

在这个过程中,你们能学到很多东西,

也将以崭新的视角去发现自己的身体。

这是一件值得骄傲的事情。

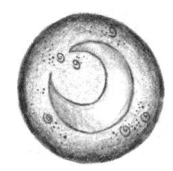

月亮女神

接着,你又会遇见一桩神奇的趣事。真的!这事儿和月亮息息相关,听起来就像一个童话故事,奇妙极了。

月有阴晴圆缺,这你当然知道。这会儿月亮也许是瘦削细长的,过段日子则变得丰满圆润,然后它又会变回月牙儿尖尖的形状,如此往复。这样一个循环大概需要 28 天的时间,即一次完整的月球运转。

人们又把这称为月亮周期。当你在夜晚仰望天空的时候,那景象看起来如梦如幻。

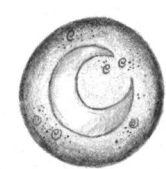

你的身体也存在一种类似的周期。

事实上，你体内大量的激素如同万千花朵盛开，它们的生长也不是杂乱无章的。

激素以某种特定的节奏，有序地发挥着作用。首先是雌激素，其次是卵泡生成素，然后是黄体生成素等。可惜各种激素的名字不像花名一样美丽动听，不过你也可以用你自己的方式给它们重新起名。

总之，和月相变化如出一辙，这个周期大约也需要28天，然后周而复始。

 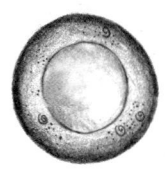 

你可曾设想,

你的身体有节律地运转,就像天体一样。

这真可谓是一场梦幻的奇迹。

由此你可以认识到,你的身体和自然之间的联系有多紧密。

而且实际的紧密程度还将超出你的想象。

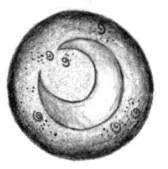 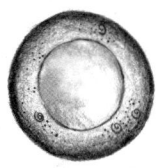 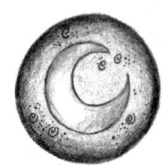

来自星星的你

也许现在的你会问自己：这样的魔法从何而来？
我要月亮和它的 28 天做什么呢？

  道理其实很简单：你的身体不能够一口气把所有的任务都完成，它需要一些固定的循环。比如在白天和黑夜的往复里，你总是白天活跃，晚上困倦。

  人们也把这称作"生物节律"或是"人体生物钟"。有如地球自转，日夜更迭。

还有很多类似的"时钟"。

许多人一到冬天就会分外乏力，因为在这个一年中最寒冷的季节里，阳光的照射微弱。白天缩短，太阳只能低低地垂挂在地平线上。

这个由天体决定的周期，即你体内的激素循环，也不例外。

它是许多规律中的一种。

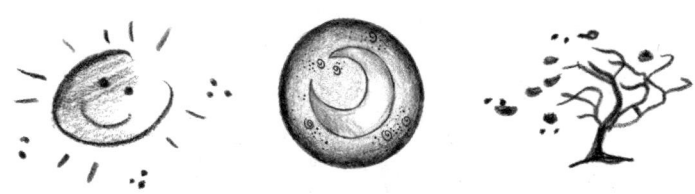

大自然常常与太阳、月亮和地球的运动有千丝万缕的联系。

大自然的钟表承载着无数生物的作息。当然,大自然之钟也并非精确得分秒不差。

所以你的生理周期也会或长或短。

23 天到 35 天之间都是正常的。

守护珍宝

每个月都有一次激动人心的时刻。

有一天,你体内的荷尔蒙(激素)跃跃欲试起来,它们如同钥匙,能开启一个货真价实的藏宝箱。

你的身体里住着一个宝库,准确地说是两个。科学家称之为"卵巢"。这两个宝库的名字听起来真稀奇,不是吗?不过这倒也没什么,毕竟"巢"也可表示藏身之所。

也就是说,这是两个产生并储藏卵细胞的地方,它们可是真真切切的宝藏呢。

你的卵巢"藏匿"在肚子的下半部分的骨盆内。

一个在左,一个在右。不比两个李子大。

两个卵巢都包含着许许多多的卵细胞。卵细胞?你可能觉得这玩意儿听起来一点儿也不像宝贝。可实际上,它们实在是太珍贵了。

因为从理论上说,
每个卵细胞都有成为一个人的可能。

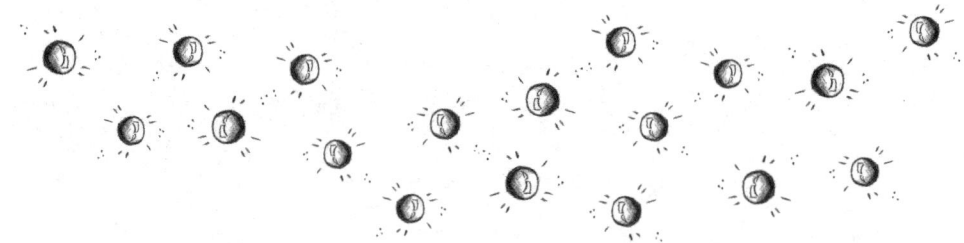

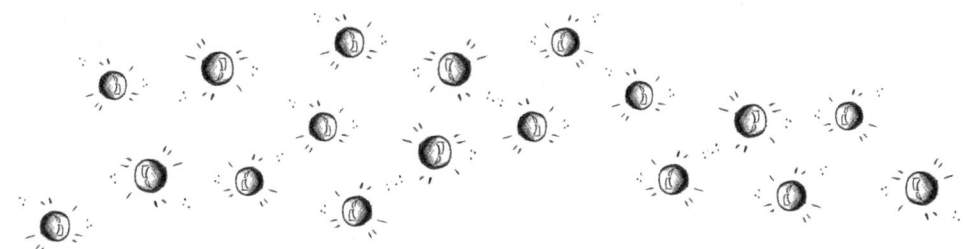

当一个卵细胞被赋予了生长和发育的机会时，首先，它会长出眼睛，接着，肚子、胳膊、腿等都一一明朗起来。

这个小家伙会越长越大，那么装着这个小家伙的妈妈的肚子也会越来越大。这就是怀孕的妈妈。

也就是说，没有卵细胞这个珍宝，
就没有小孩，也就不会长大成人啦。

贝海拾珠

在你的两个卵巢中有成千上万颗卵细胞。

单个卵细胞是极微小的,直径大约只有十分之一毫米。所有其他的体细胞比它还要小。所以在女性身体里,卵细胞是最大的细胞,理论上是能被肉眼所看见的。

然而更重要的是:它异常美丽。

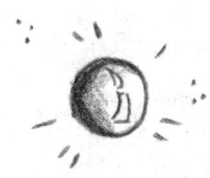

有机会的话,你可以仔细看看电子显微镜下拍摄的卵细胞。

也就是被放大了好多倍的照片。

你会发现,卵细胞像珍珠一样圆润可人。不过它的表面不是光滑的,而是像罩着一层柔嫩的网。

它拥有精致的纹理。

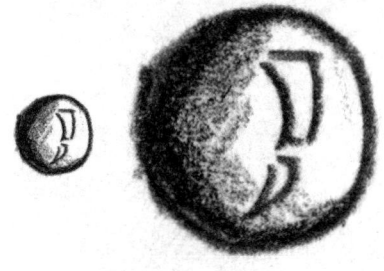

　　滤泡细胞层围绕着这个美丽的卵细胞，这是卵细胞发育成熟所必需的。

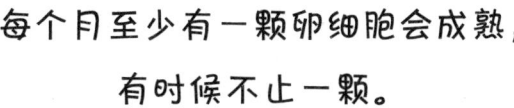
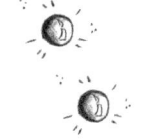

每个月至少有一颗卵细胞会成熟，有时候不止一颗。

　　这颗成熟的卵细胞不能总在卵巢里停滞，因为卵巢太狭窄了，不适合它的进一步生长，它将在你的肚子里开启它的旅途。

你的肚子里有一个更好的地方适合它生长。

红色知更鸟

你的身体每个月都会筑个窝。

　　这就如同知更鸟或是乌鸫鸟筑巢，为它们的小宝宝搭建既柔软又温暖的窝。你的卵细胞也有一个这样的家。

当然了,在你的体内不是用树枝、青草和羽毛搭建小窝的。

你的身体利用了体内随时可供使用的物质,这种物质通过血管的运输,形成一层玫红色的膜。科学家将其命名为"子宫内膜"。

这个小窝位于两个卵巢之间的子宫内。

它有精致的表面，比任何一个鸟巢都要柔软。

同时，它被保护着，相当安全。这个玫红色的小窝不是搭建在摇摇晃晃的枝丫上，而是在一个被守护着的小洞穴中。

这个洞穴和你的拳头一般大，同样也是玫红色的，柔软的墙包围着它，人们称之为"子宫"。

未来会有个小宝宝在这里生长，小宝宝将从这里告别妈妈的肚子出生于人世。

铃兰花香

首先，这颗卵细胞要去舒适的小窝。

通往那个小窝的路叫作"输卵管"，实际上这条路并不长，也就 10~15 厘米。但是因为卵的体形实在是微乎其微，对这个小家伙来说，这趟旅途就显得很长，需要 3~5 天的时间。旅途中，它旋转、跳跃，一路畅舞着向它的窝移动。

你身体里的激素在此过程中也帮了忙，
保证卵细胞顺利前行。

几年前,有研究人员发现,卵细胞在这个时候会散发出铃兰的香味,有一种美妙的气息。

大自然一定是经过深思熟虑并精心设计的,卵细胞不会是偶然这样香的。

这铃兰的香味日后自然会吸引来精子。要使卵细胞成长为一个宝宝,精子是必不可少的。

像你这样的小女孩当然还不能打算生宝宝。抑或日后你长大成人，但是暂且还没有准备怀孕的时候，精子对你来说仍然无用。但至少这种能吸引精子的铃兰花香是已经存在了。

**这小小的卵细胞不但看起来美丽，
闻起来也十分迷人。**

浪漫主义者

将来有一天，有精子进入你的体内，那铃兰的芬芳会对它们产生不可抗拒的诱惑。

这些精子不是源于你自己的身体，女孩子是不能自己制造出精子的，只有男性体内能产生精子。所以要创造一个小孩的话，无论如何要两个人才行。

需要男人和女人在一起，不然就行不通。

有朝一日你也会坠入爱河,"蝴蝶"翩翩飞舞,伴随着一种兴奋的感觉进入你的肚子。

当你预备要宝宝的时候,卵细胞和精子会在输卵管相遇。这浪漫的场景就像一场婚礼。卵细胞是新娘,精子是新郎。

精子被卵细胞的芳香吸引而来,紧紧地吸附在卵细胞上。两者的相拥是如此紧密热烈,以致它们融为一体。

两个细胞结合为一体成为受精卵。

观察一下镜子里的自己。

你会发现，你长得既像你的母亲，也像你的父亲。

之所以会这样，是因为起初你母亲的卵细胞和你父亲的精子相遇，并且合二为一成为了你。

所以你从他们两个人的身上都汲取了某些特点。

毛绒玩偶

光亲亲是不会怀孕的。

怀孕必须得"一起睡觉"。大人们是这么说的，虽然这种说法也并不十分确切。你可以暂且将它理解为彼此依偎和相互亲热。大多数时候是在床上，当然是因为那里最舒服。

两人亲密地紧贴，男人的精子以此向女人的卵细胞游去。

对现阶段的你来说，
同男人这般亲密简直难以想象。

在十一岁左右的男孩女孩眼中，异性总是愚蠢荒谬，无聊透顶。

长大之后就不会这样啦。

当下,那个小窝对你来说还用不上。

你当然不打算"孵化"一个宝宝。事实是:当你的卵细胞在输卵管之旅中没有遇见精子,它就不会抵达小窝,它会静静地凋谢。

像你这样,年轻真好。

秋天的魔法师

当我们用不着这颗卵细胞和小窝的时候,它们的命运会是怎样呢?它们可不会自己凭空消失。

嗯,它们不会的。在这种情况下,大自然也为它们找到了解决办法,恰似秋叶飘零。金秋时节,大树不再需要它的叶片,于是叶片洋洋洒洒地落下。

这一年里,叶片曾吸收阳光,也曾蒸腾汁液。而现在,它们命数已尽。大树也无能为力,无法挽留它们至来年,叶片在冬天来临前飘落。

 你的身体里蕴藏的魔法也是同理。

第二年春天，又会有幼嫩的新叶挂满枝头。

你的身体就是卵细胞和小窝的大树，可你也不能永远地保存它们，它们是短暂的。于是它们将要与你分离。在下一个月，下一个周期里，又会有新的卵细胞和新的小窝产生。

又是新一轮的美好。

看着卵细胞和小窝的演出就此落幕,难免为它们感到怅然遗憾,也白费了它们曾付出的努力。

但是自然界没有什么能够永恒。大自然就是通过新生事物得以生生不息。

旋风少女

你的体内会一次又一次地产生卵细胞和筑窝。宛如秋风拂过枝叶，于是旧窝倏然落下。

在你的肚子里落下的不是树叶和枝丫，而是该落幕的小窝的细胞与组织。

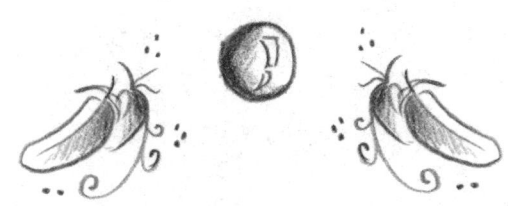

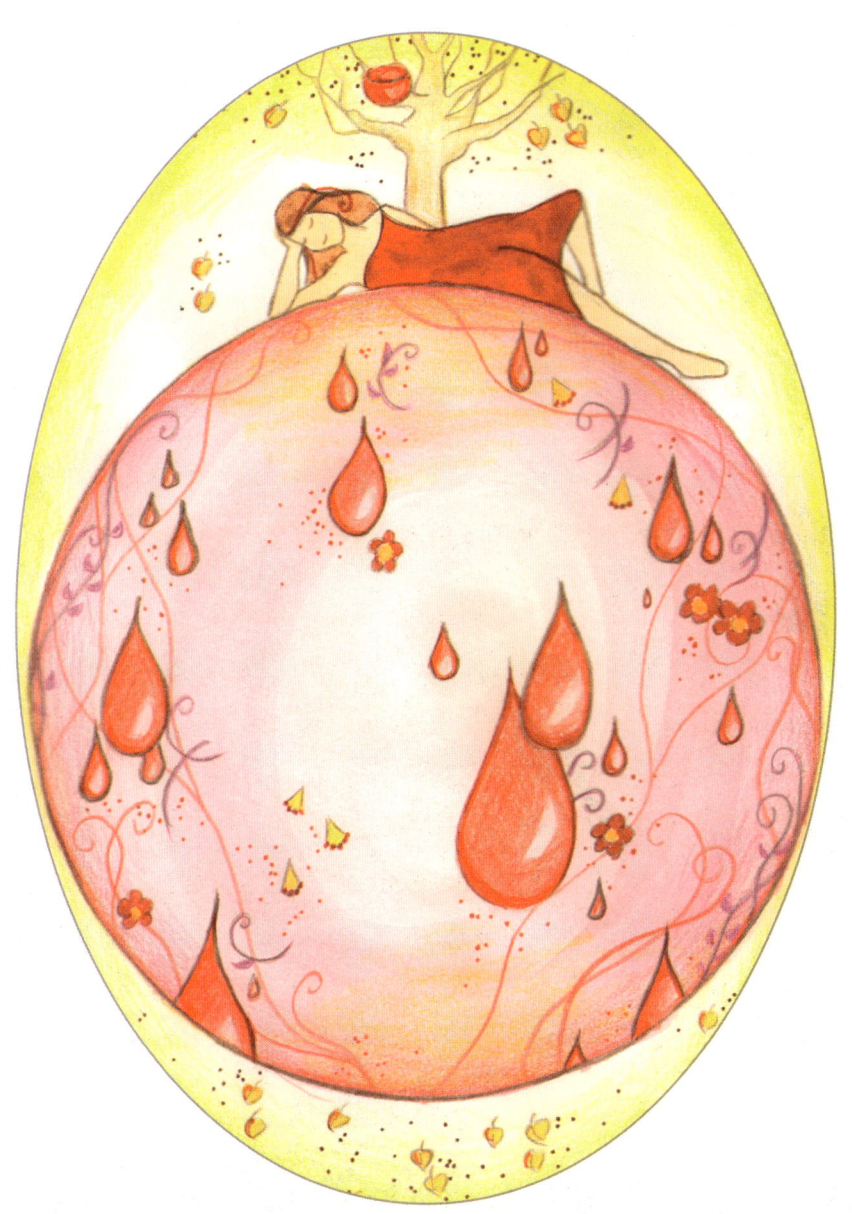

小窝产生了小碎片。

它们看起来跟之前的小窝一样是玫红色的。因为供血很充足,所以当受精卵在这里着陆的时候会被照顾得很好。

事实上它们看起来就像纯粹的血液一样,色彩如此鲜艳浓烈。

大自然似乎格外中意红色,要不然像我们的血液这样重要的东西怎么会是红色呢?

　　流失的小碎片就这样失去了依靠，它们和子宫的联系也越来越少。

　　如此情景，宛如秋日的落叶，缓缓飘落。

　　你也可以将它们想象成鲜红的血液。

玫瑰红

那红色液滴通过一个叫作"阴道①"的通道流淌滴落。

在阴道处,原先的小窝与你的身体告别,就此离开了你。

它们与你的身体依依惜别。

①:德语里"阴道"与"分别"是同源词,所以原文作者用小窝与身体的分别来解释说明"阴道"这个词的来源。

这时的小窝已经面目全非、无法辨认了。

它完全失去了原先的模样。从前的它对于狭窄的阴道来说过于庞大，只有变成小碎片脱落，才能更好地在其间流淌。

同样，未遇到精子的卵细胞也已经萎缩了，我们无法看见它。

它们的残骸如此微小。

阴道口就在你的双腿之间,你可以用镜子侦察它。

在此之前,它可能不曾引起你的注意。也许以前你只知道排出"小便"和"大便"的通道,在这两个部位中间的就是阴道了。

想来真是奇妙,大自然总是擅长寻找最高效的解决方案,所以这三个排出口次序井然地排列着,彼此相邻。你的身体会在阴道口排出"血"来,每个月一回。

不过别担心:
这不是什么伤口,流血也不疼。

白雪公主

许多女生第一次听说她们将会流血的时候，都感到毛骨悚然。

这种流血偏偏还是从双腿之间！假如你也有这种感觉，那么你并不是孤单一人。每个女孩都要慢慢习惯并接受这个事实。

知道了这血红色的液体从何而来，并且理解它们之前是你肚子里的一个小窝，你就不会再那么诧异了。

还记得《白雪公主》这个故事的开头吗？

皇后的手指被针刺伤了，三滴鲜血落在了雪花上。因为"雪中之红如此美丽"，于是皇后希望她的小女儿肌肤似这般白嫩红润。

这其实是有象征意义的。手指渗出的血滴寓意月经血。

成长为一个女孩，这是必不可少的。

许多童话里新生儿诞生前都出现过血滴：

睡美人被施以因纺锤而受伤流血的咒语，牧鹅姑娘临行前带了一块染着妈妈鲜血的手帕。

也许你还能想起更多童话故事里的血滴。

小仙女

欢迎来到公主、仙女和精灵的王国！

欢迎来到女孩和女人的世界，在这个世界里会有新生！欢迎！年轻的姑娘们，别担心！就像童话故事里，哪怕开头曲折离奇，幸福和快乐总会是结局。

你面前的所有其他女人，都已经完成了这一蜕变。

你的身体也会每月一次地流血。

　　你的身体会排出一个旧的小窝，以此为新的小窝留出空间。

　　然后又开始了新一轮循环：荷尔蒙（激素）的飞舞如同万千花朵盛开，一颗出自宝箱的卵细胞自在游走，散发出铃兰的花香，等着向目的地新的玫红色小窝前行，直到它萎缩，小窝宛若秋天的落叶般从你的体内排出。

一次流血大概会持续三到五天，渐渐的血量变少，直到完全消失。

可能当你某一天上厕所的时候，发现你的内裤上出现了几滴血迹。然后你就知道流血开始了，从现在起接下来的每个月你都会流血。起初，每两次流血的间隔时间不确定，这是正常的。

因为流血会每隔一段时间有规律地出现，或者说"周期性"出现，所以人们把它叫作"月经"或是"生理期"，也可以叫"例假"，或者严谨地称为"月经周期"。

小女孩更倾向于叫它"小红"。

亲爱的女儿

幸好，你在对身体好奇的时候并不是孤身一人。

你的母亲当然会在你的身边，她知道如何简便地应对月经血，并且会准确地将所有情况再一次解释给你听。

你将会看到，这其实一点儿也不难。

你的母亲会对你说:"无论如何你都不必害怕!"

　　迄今你只知道伤口会流血,伴随着疼痛与不适。也就是说,对从前的你来说,流血总是一个不好的标志。恰恰相反,月经血是身体正常的一个迹象。

　　这与伤口无关,它意味着你是健康的,并且正经历着由小女孩成长为大人的蜕变。

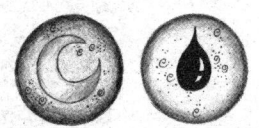

当你的妈妈还是个女孩的时候,初次遇见月经血的她,也经历过与你一样的担心和忧虑。

你的妈妈或是年长一些的女性朋友或姐姐,都能很好地理解你的心情。她们会给你一些建议,并且告诉你:第二次来月经的时候,你就不会这么惊异了,第三次就习惯了,接下来就会慢慢地习以为常。

不久你就会完全习惯了,不会再为此事烦恼。

探险家

对多数女孩而言，在知道了如何处理月经血以后，就会感到莫大的安慰。

对此，在每个卫生用品商店和超市都会有种类繁多的商品可供选择。大部分小女孩最早用的都是"卫生巾"，它由棉絮或是其他类似的吸水材料制成，贴在内裤里对应的位置就可以了。

当它吸收了足够多经血的时候，换一块就好了。

以后你也可以尝试"卫生棉条"。

它是一根短短的棉棒,大概一指大小,直接塞入阴道中,等它吸足了血,用拉线将它取出。

还有一种柔软的"月经杯"。使用方法和卫生棉条相似,隔一段时间将它取出倒空清理。月经杯在你身体内部将血接住,不需流经阴道。

因为人们会频繁地使用它们,所以这类商品一般都有较好的质量并且价格也公道。

第三种方式需要练习，那就是"无拘无束的经期"。

你可以自己决定血流出阴道的时刻，比方说，在要上厕所的时候将经血排出。那么你就不需要使用卫生巾、卫生棉条或是月经杯了。

为此你得训练"子宫口"的敏感度。这是隔开子宫和阴道的部位，可以抑制血流。不过你得经历一段时间的训练。此外还有许许多多与月经血打交道的技能。

保持一个好心态，并选择最适合自己的方法。

超级女生

每个像你这样大的小女孩都会细细琢磨自己和自己的身体。

这很正常，毕竟在你身上发生了这么多的新鲜事儿。如果你能将这视为一场发现之旅就再好不过了。若你还能自信地踏上这条旅途，那便更是奇趣无比了。

去一次又一次不厌其烦地照镜子吧，告诉自己，你有多美。

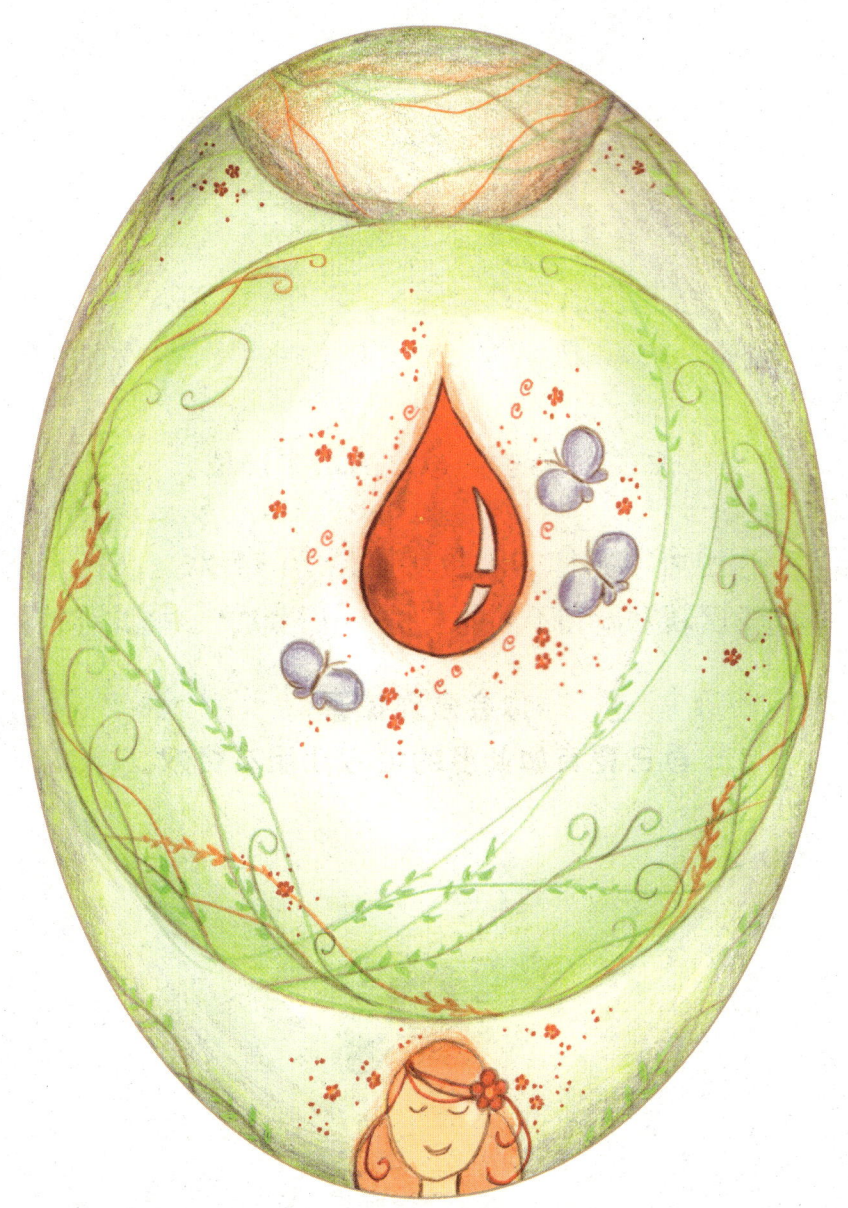

细数你喜欢的自己的每个部位。

　　你也可以和你的闺蜜玩照镜子的游戏。在镜子前一起尝试新发型和不同的装扮,互相欣赏、彼此称赞。

你会感到惊喜,
自己竟有如此多的地方让朋友赞叹。

你也可以记录一份用数据来表明的体貌说明。

写下你喜欢做什么,在哪方面有特长以及将来打算做什么。你不用写得太正式,这份报告是单单写给你自己的。

当你第一次来月经的时候,你应该为自己感到骄傲,并且数一数你已经经历了多少事情:第一次用卫生巾,第一次在学校度过月经期,第一次淋浴等。

赶紧夸夸你自己吧。

楚楚动人

现在大多数女孩洗澡所花的时间都比以前长了。

也许你也是如此。这与月经血无关,与尝试有关:新发型、新香水、新项链。然后时间一晃就过去了。

好好料理你的身体,这是件好事。

现在你的皮肤可能会出现问题，
比如小疙瘩让脸蛋儿显得不那么光洁纯净。

这常常是由每个月的激素波动造成的。如果你一时还没有找到有效的护肤品和洗面奶的话，不要伤心，大多数女孩也像你一样。

有时候健康的饮食会对你有帮助。无论如何你的皮肤需要一定的时间来适应新的激素循环。

也许你现在会比从前更频繁地想洗头。

小孩子的头发是干一些的,且不是那么浓密有光泽。

定期沐浴是让你的身体保持健康美丽的秘籍。试验一下,用哪种洗发水和沐浴露感觉最舒适。不要因为流行或是广告里说好,就使用对你没有帮助或者你根本不喜欢的产品。

遵从你自己身体的感受!

首演明星

你第一次来月经的那一天,是特别的一天。

在许多文化里,人们会庆祝这一天。可惜在我们的文化②里,一个世纪前就已经不流行这个了。人们很少或者根本不提及女性的月经,它曾是一个忌讳的话题。

许多人今天讲起这个话题时还是会感到尴尬难堪。真是荒唐,因为月经是世间再自然不过的规律了。

它是一种馈赠,能让我们繁衍生息。

②:指日耳曼文化。

50岁左右的时候，女性会失去这份馈赠。

到那时，你的激素不再有每个月的周期变化了：不会再有卵细胞产生了。人们也把这段时期叫作"更年期"。

一些女性会感到非常失落，她们不能再怀孕生产了。

尽管月经血会给她们造成不便，
但真的失去了的时候，她们会为之伤心。

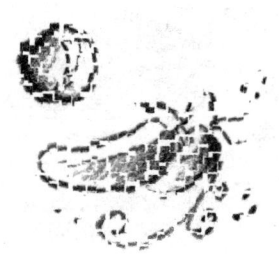

所以，当你第一次来月经的时候，庆祝一下吧！

你的月经就像一份礼物，它是时间的馈赠。和你的朋友或者妈妈去吃美食吧！也许你会得到一份小礼品。如果没有，那就送给自己一份礼物吧。

比方说，在这一天画一幅图画给自己留念。

知心朋友

在此期间你的朋友会给你带来很大的慰藉。

她们的情形和你如出一辙。或早或晚,她们也要经历第一次来月经。蜕变也会降临到她们的身体。你们可以相互帮助。

交流一下你们所了解的知识,提出心中的困惑,一起谈谈感受。尽情地描绘你们的梦想吧。鼓起勇气,彼此安慰。

一起闲聊,然后偷着乐吧。

共同成长比孤单地长大有趣多了。

最重要的是：你们不必过分担心。其他人都能完好地度过青春期，你们当然也会的。

此外，你们很快就会懂得：
越长大，能做的事情就越多。

从现在起,你们会越来越多地被信任,你们可以开始独立地做一些决定,也可以一个人做许多事情:去朋友家玩儿、一个人去烘焙坊、自己决定穿什么衣服去学校、如何度过一个下午。

**你们可以好好享受这一点,
因为长大了就意味着有更多的自由。**

睡美人

通往幸福结局：

你会联想到睡美人的童话。

在这个故事里，12个仙女给了公主美好的祝愿，而女巫却预言公主在15岁生日之时会被纺锤刺伤而死去。

其实这暗喻的就是月经血。

　　这预言引起了大家深深的忧虑，
　　　甚至是极大的恐慌。

　　但其实睡美人并没有死去，她只是陷入了沉睡，并以此等待着她的王子。

　　在现实生活中也是这样：一个年轻的女孩来了月经，起初她感到害怕。然而生活仍在继续，几年后她遇见了她的 Mr. Right，他们幸福地在一起组建家庭。

　　睡美人的故事不只是一个童话。
　　它也是女孩慢慢长大这个过程的写照。

现在的你,已经学了好多关于你的身体和关于成长的新知识了。

并且接下来的几年你还会有越来越多的发现和收获。

祝愿你能够拥有一段美好的青春时光,祝愿你身体健康,祝愿你身边一直有知心的好友,祝愿你在"红色"的时期成为一颗闪耀的明星。

在你自己的童话人生里,祝愿你一切安好!

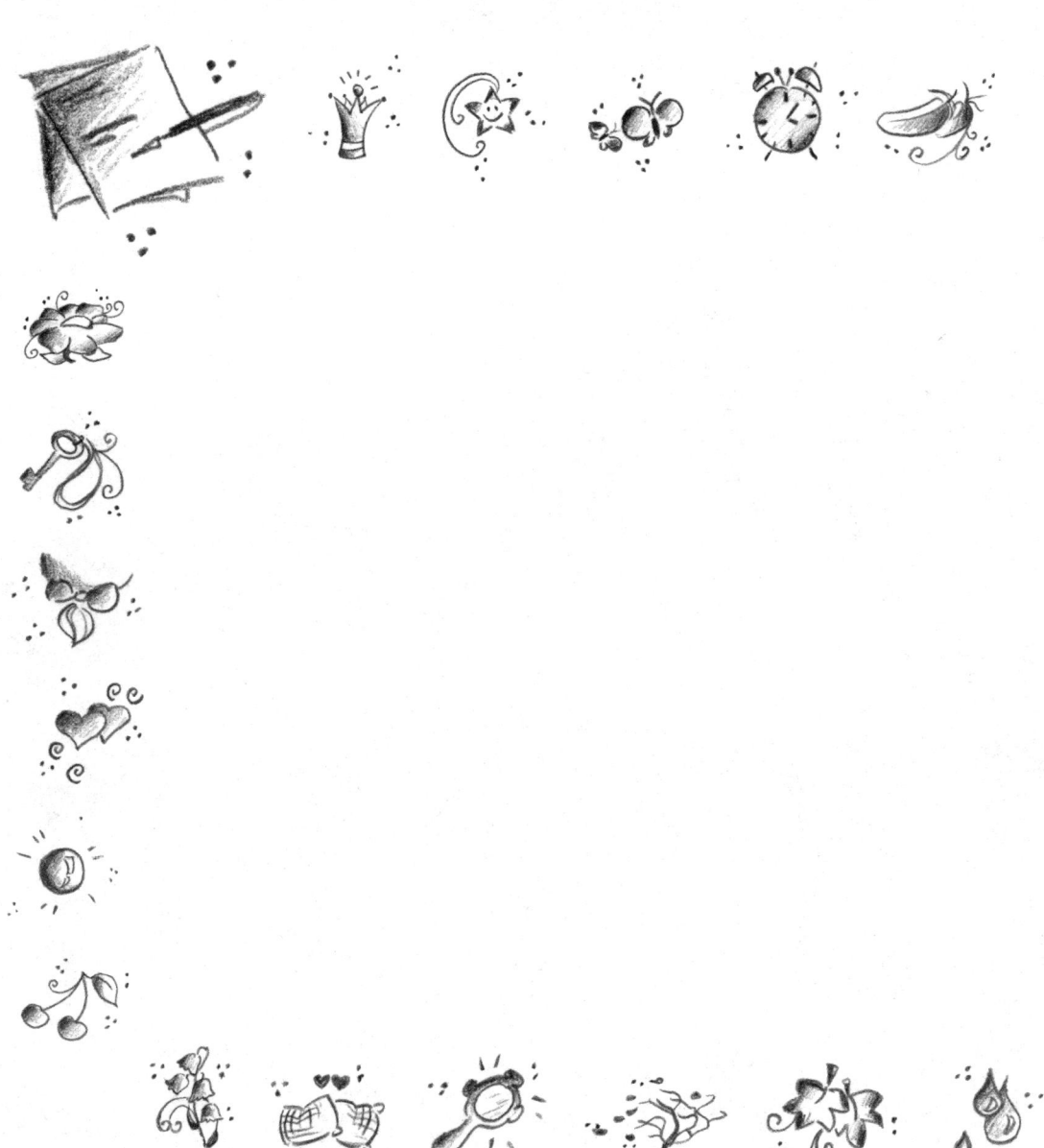

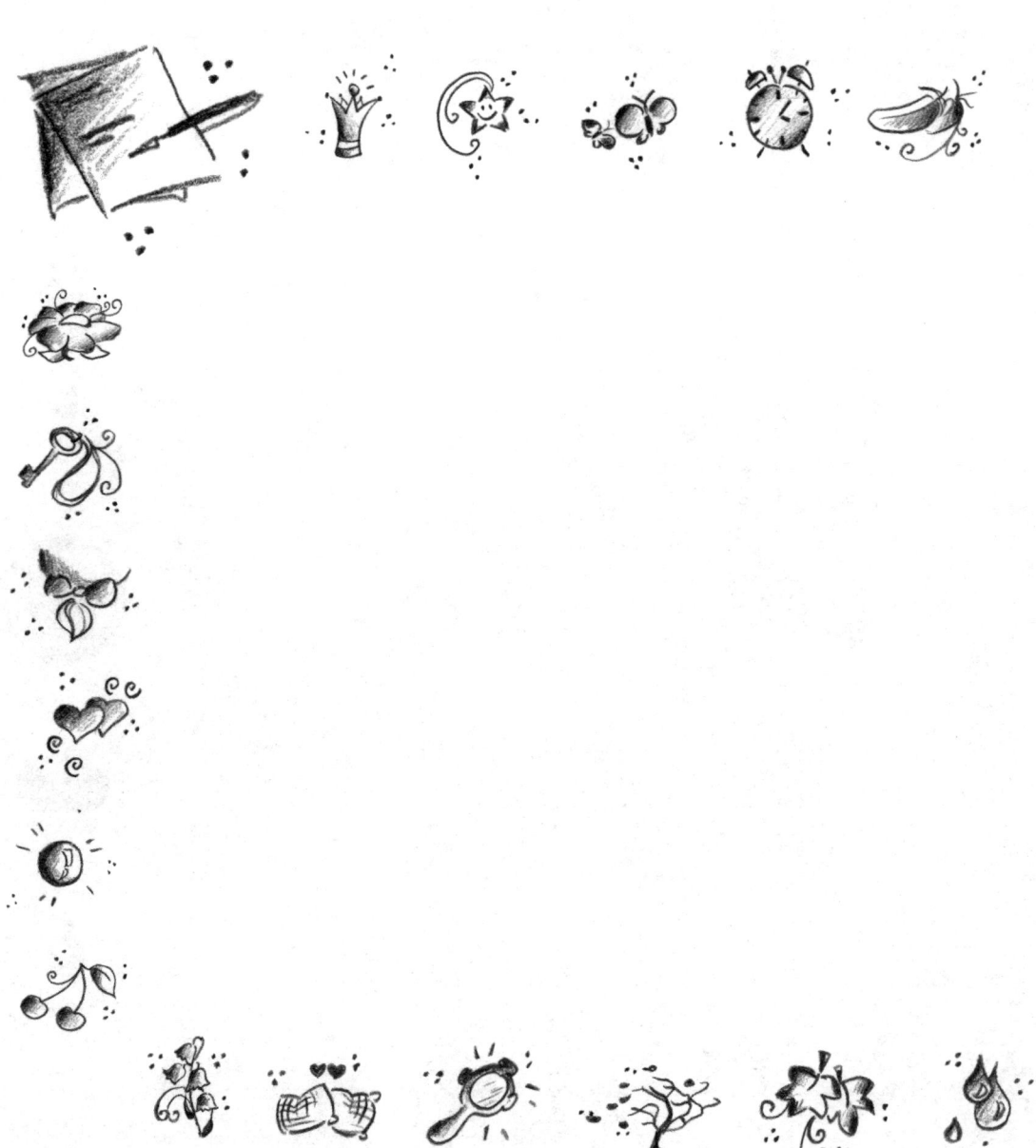

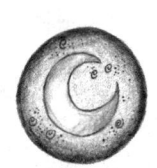

This is translation of
Vom Mädchen zur Frau
Author: Nicole Schäufler

©2015 edition riedenburg
The simplified Chinese translation rights arranged through Rightol Media （本书中文简体版权经由锐拓传媒取得Email:copyright@rightol.com）

©2018，简体中文版权归辽宁科学技术出版社所有。
本书由edition riedenburg授权辽宁科学技术出版社在中国出版中文简体字版本。著作权合同登记号：第06-2017-153号。

版权所有·翻印必究

图书在版编目（CIP）数据

蜕变：女孩们的青春期/（德）妮可·绍伊夫勒著；毛欣宜译. —沈阳：辽宁科学技术出版社，2018.2

ISBN 978-7-5591-0436-6

Ⅰ.①蜕… Ⅱ.①妮… ②毛… Ⅲ.①女性—青春期—健康教育 Ⅳ.①G479

中国版本图书馆CIP数据核字（2017）第243283号

出版发行：辽宁科学技术出版社
　　　　　（地址：沈阳市和平区十一纬路25号　邮编：110003）
印　刷　者：辽宁新华印务有限公司
经　销　者：各地新华书店
幅面尺寸：170mm×190mm
印　　张：4.5
字　　数：35千字

出版时间：2018年2月第1版
印刷时间：2018年2月第1次印刷
责任编辑：曹　阳
封面设计：顾　娜
版式设计：顾　娜
责任校对：尹　昭

书　　号：ISBN 978-7-5591-0436-6
定　　价：29.80元

投稿热线：024-23284372
邮购热线：024-23284502
E-mail: lnkj_cc@163.com
http://www.lnkj.com.cn